Philosophisches Vaccine

-

Gedanklicher (Impf)stoff

Harlekin Pierrot

Philosophisches Vaccine

-

Gedanklicher (Impf)stoff

Harlekin Pierrot

Bibliographische Information der Deutschen
Nationalbibliothek

Die Deutsche Nationalbibliothek verzeichnet diese Publikation
in der deutschen Nationalbibliographie, detaillierte
bibliographische Daten sind im Internet über http://
dnb.dnb.de abrufbar.

© 2021 Harlekin Pierrot

Herstellung und Verlag

BoD - Books on Demand, Norderstedt

ISBN 9783753499031

Zum Geleit

Die Welt wird bewegt – die Pandemie geht in das zweite Jahr, viele politische Dinge bewegen uns!

Es wird über den Impfstoff diskutiert und immer neue Regelungen, Gesetze und Verordnungen werden erlassen.

Man kommt kaum zur Ruhe – das Leben ist an einem besonderen Punkt.

Auf der Welt wird wieder gekämpft Konflikte brechen wieder auf und alte Wunden reißen auf, …

Ich lade wieder ein in die Welt des Harlekin Pierrot. Denkwürdiges und merkwürdiges aus meiner subjektiven Sicht betrachtet und dokumentiert.

Mit einem „Philosophischen Vaccine" kann man manchmal auch einen Schutz erreichen – den Schutz des Gefühls und der Seele, der oft auf der Strecke bleibt!

Lasst euch auf den gedanklichen Impfstoff ein und blickt mit mir durch meine Brille!

Viel Freude beim Lesen!

Harlekin Pierrot

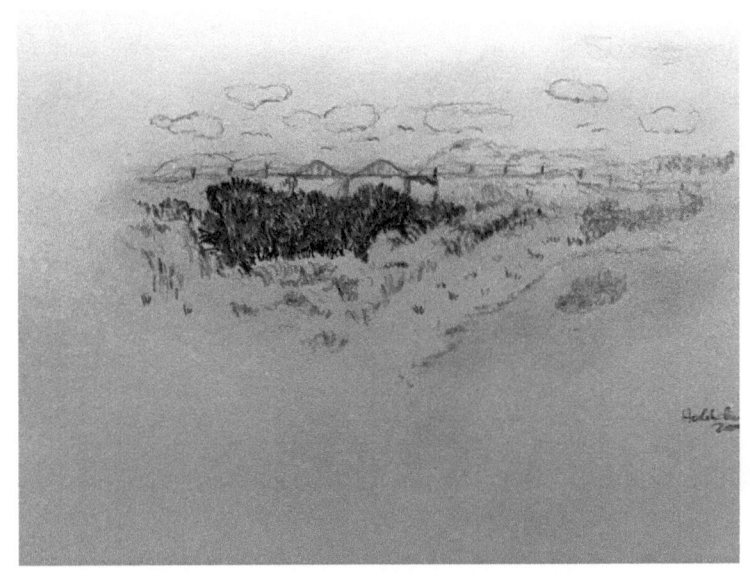

Stiller auf der Straße

Eine besondere Zeit in diesem Jahr,

stiller auf den Straßen,

stiller auf den Plätzen,

vielleicht kommt man auf den Sinn von Weihnachten,

dass wir uns wieder achten und nicht um uns geben hin den

Sinnlosigkeiten des Lebens,

stiller auf den Straßen,

stille auf den Plätzen!

Ist so – so ist!

Ist es so?

So ist es!

Es ist so!

Meinen wir es so?

So meinen wir es!

Es meinen wir so!

Wir meinen es so!

Und nun?

Ist so?!

So ist!

Dankbarkeit – Denkbarkeit – Denkarbeit

Dankbarkeit ist die Folge einer Denkarbeit.

Denkbarkeit ist die Folge einer Denkarbeit.

Denkarbeit ist die Folge der Dankbarkeit.

Denkarbeit ist die Folge der Denkbarkeit.

Punkt – Standpunkt -Punktstand

Ein Punkt ist der Beginn des Punkt Standes.

Ein Punktstand kann der Ausgangspunkt eines Standpunktes

sein. Punkt

Ein Standpunkt kann der Ausgangspunkt eines Standpunktes

sein.

Haben wir einen Standpunkt, so haben wir einen

Punktestand.

Weise – Sichtweise

Eine Weise?

Eine Sichtweise!

Ist es weise?

Ist es eine weise Sichtweise?

Es ist weise!

Es ist eine weise Sichtweise!

Ausgangssperre

Ausgang

Sperre

Verbot

Ausgangssperre!

Sperre des Ausgangs!

Verbot des Ausgangs!

Was macht das mit uns ...

Es ist etwas passiert ...

Es ist ein Ausgang, aber kein Untergang!

Gedanken haben keine Ausgangssperre!

Weihnachten 2020

Weihnachten 2020 –

Anders als sonst?

Anders als immer?

Anders als 2019?

Anders als 2018?

Aber es ist Weihnachten!

Was ist denn Weihnachten?

Weiß das denn einer noch?

Ich glaube nicht ...

Denn Weihnachten ist immer!

Mit all dem, was wir damit verbinden!

Und das ist nie anders!

Wir meinen es nur!

Lächeln schenken

Plötzlich sitzt man da, …

In der Dienstkleidung, …

In der Schutzausrüstung, …

Man testet, …

Man macht etwas, was eigentlich keinen Sinn macht, …!

Aber doch ein Lächeln bekommt, …

Ein Hoffen, …

Eben ein Weihnachtsgeschenk!

Der Welten Wahnsinn

Der Welten Wahnsinn, …

Die einen reden von Lockdown,

Die anderen gehen Skifahren,

Die nächsten gehen Shoppen, …

Die weiteren tun, als ob nichts wäre, …

Und dann gibt es wieder Geklage und Gejammer!

… aber klüger sind sie nicht geworden!

Einer hat immer etwas zu sagen!

Die Skizze beschreibt es,

Der Gedanken umfängt es,

Das Volk hört es!

Und er meint, er sei wichtig!

Ist das richtig?!

Die Arena

Die Menschen schauen gebannt,

die Menschen sind gespannt!

Die Menschen erwarten

Und der Akteur zeigt – die Menge schweigt!

… doch dann beim Applaus

… packt mich der Graus

… der Akteur in der Arena

… war ein Manipulator

… und wahrscheinlich Diktator!

Verfolgt Sie – Warum?

Die Blicke, sie ruhen!

Die Blicke, sie sprechen!

Die Blicke, sie tun!

Die Blicke, sie fordern!

Sie laufen, …

Sie rennen, …

SIE FLÜCHTEN, …!

WARUM?

Die Welt im Auge

Es zeigt sich,

Die Welt zeigt sich,

die Welt spiegelt sich,

die Welt im Blick, …

die Welt im Sinn, …

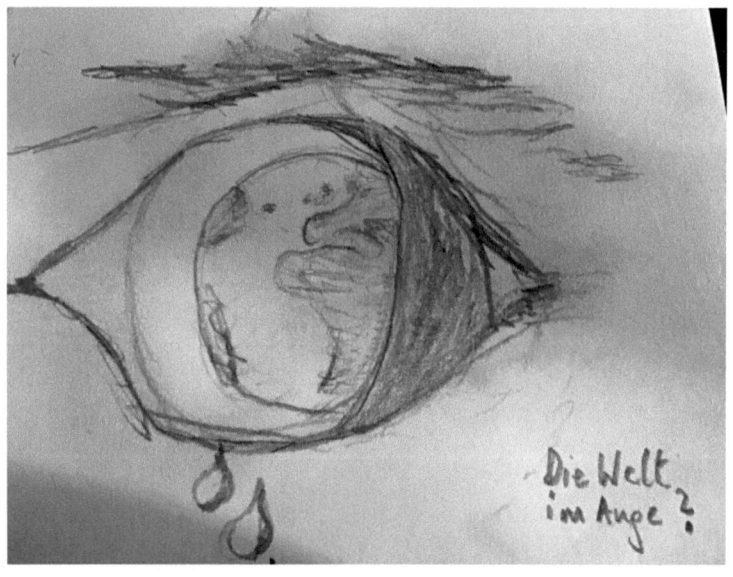

2020 – eine Bilanz

2020, eine Bilanz?

Besser nicht,

denn es war anders,

denn es war grausam,

denn es hatte mehr Schatten als Licht!

Und doch hatte es Menschen mit Wärme und Freundschaft!

Und doch hatte es Menschen mit Liebe und Zuversicht!

2020, deine Bilanz!

Klagen

Verbote!

Gebote!

Mir nicht!

Dir nicht!

Uns nicht!

Freiheit ist wichtig!

Unabhängigkeit ist wichtig!

Nur so machen wir sie nichtig!

Es funktioniert so nicht richtig!

Passen die Menschen denn mal auf?

Nein!

Sie schreien!

Nicht mit uns!

Nur wir sind dumm,

und ärgern uns darum!

Um mit ihren Klagen, …

Uns zu zeigen das Versagen!

Doch sie haben nichts dagegen, …

Zu spielen mit dem Leben!

Verlängerung

Es ist und war abzusehen.

Es ist so geschehen.

Keiner will es glauben –

Und die Politiker schrauben...

So ist es keine Frage –

Verlängert werden diese Tage!

Für manche bedeutet es Folter,

doch was soll dieses Geholper!

... und wir haben dadurch noch mehr Opfer!

Bildungsgerechtigkeit

Bildungsgerechtigkeit kann es nicht geben.

Sonst würden wir schweben!

Es sind so viele Lügen!

Denen wir uns fügen

und manche uns betrügen!

Es geht hier um das Leben

und nicht nur um das Streben!

Es rüttelt uns das Beben –

Manchmal muss man geben – nur um zu leben!

Flickenteppich

Im 21. Jahrhundert fühlt es sich an wie in der Geschichte

Und in diesem Lichte wird eine Entscheidung gefällt,

die gar niemandem gefällt und deswegen nicht lange hält!

Gutes wird vermieden

und die Menschen aufgerieben!

Die Angst ist ganz zum Greifen!

Doch gibt es manche, die drauf pfeifen!

So ist dieser Flickenteppich anzusehen,

weil es für jeden ist, gar wenig zu verstehen,

wie damit ist umzugehen!

So wird es lange dauern

und alle werden es bedauern!

Bevorzugung

Impfen ein Silberstreif! Im Januar!

Und jetzt der erste fordert Sonderrechte,

das ist ja wohl das Schlechte

es gibt dann ja wohl zwei Klassen

das kann man gar nicht fassen,

dass man nicht mehr denkt in Solidarität,

sondern verfällt dem Egoismus,

es ist ein wirklicher Zynismus!

Impfen ein Silberstreif! Im April!

Jetzt wird es wohl beschlossen!

Der Geimpfte oder der Genesene wird

herausgehoben und darf jetzt alles

Egoismus ist es, was hier herrscht,

der Rest wird dann nur mehr eingepfercht!

Das ist keine gute Haltung –

Es riecht zu sehr nach Spaltung!

Messen mit Maas

Einigkeit und Recht und Freiheit werden sie genannt,

wir hoffen Sie zu haben als eine von den besond´ren Gaben!

Doch manche sind da anders –

Sie meinen, ohne dabei zu denken –

die Impfung hilft die Masse doch zu lenken!

Sie äußern ihre sonderbaren Gedanken –

Ohne jegliche Schranken

Und schüren damit den Hass –

In einem ganz besondren Maas!

Messen

Jetzt ist das Maas voll!

Ist das Maas jetzt voll?

Diese Meinung hat ein besonderes Maas!

Ein besonderes Maas für solche Meinungen!

Mutationen 1

Auch ein Virus macht was durch!

Es gustiert und mutiert –

So kommt es dann –

Der Lockdown wird verlängert –

Wieder eine neue Strophe -

Verschlimmert sich die Katastrophe!

Die neuen Mutationen

Verschärfen hier die Situationen!

Alles wird verändert ganz und gar

wird verlängert bis weit über ´n Februar

und weil es keiner hören will, noch über den April!

Und wenn nicht zu bremsen diese Plage,

geht es in die Sommertage!

Es versetzt uns jetzt in Wut-

-es sinkt so langsam auch der Mut!

Es beginnt schon wieder mal von vorn

– auch mit ´ner Menge Zorn!

Nur können wir nix ändern!

Traurigkeit 1

Traurigkeit im Leben

Traurigkeit im Sein

Melancholie des Gefühls!

Melancholie des Herzens!

Traurigkeit des Schmerzes!

All das fühlt der Pierrot!

Manchmal erfasst mich die Traurigkeit –

die Traurigkeit im Leben!

Tiefe

Tiefe Gedanken erfassen mich!

Tiefe Spuren im Gesicht!

Tiefe Falten um die Augen!

Tiefer Schmerz erfasst das Herz!

Die Schmerzen bringen mich zu Menschen –

aus nah und fern - sie erzeugen in mir

Tiefe Spuren in mir!

Mutationen 2

Mutationen bestimmen das Leben!

Noch so eben,

folgt ein Beben, ...

und trotz allem streben, ...

stehen wir daneben.

Auf einmal will die Welt es wissen,

schwarz wird das Gewissen!

Und es wird beschissen!

Und kein Geld,

kann retten diese Welt!

Traurigkeit 2

Traurigkeit im Leben

Melancholie des Gefühls,

Traurigkeit des Schmerzes,

all das fühlt der Pierrot,

all das verleugnet der Harlekin,

zusammen erleben Sie es,

zusammen gestalten Sie es!

Leichtigkeit

Leichtigkeit im Leben,

Freude des Gefühls,

Leichtigkeit der Liebe,

all das fühlt der Harlekin,

all das verleugnet der Pierrot,

zusammen erleben Sie es,

zusammen gestalten Sie es!

Das virtuelle Schulhaus

Graue Menschen blicken mich an,

Menschen, die sprechen wollen,

Menschen, die lachen wollen,

Menschen, die eingesperrt sind,

Menschen, die soziale Wesen sind,

und doch versucht man das Beste

und gibt die letzten Reste!

Graue Menschen blicken mich an,

jeden Tag fangen wir an!

Flockdown

Die Welt in Aufruhr,

die Welt im Aufstand,

die Welt im Chaos,

die Welt im Griff der Pandemie,

aber jetzt regt man sich auf – Schnee!

Es ist Winter – und Schnee gehört dazu!

Schnelltest

Schnelltest,

ein schneller Test,

er bringt etwas, wenn er richtig gemacht wird!

Bringt er etwas, wenn er richtig gemacht wird?

Wir hoffen es,

wir glauben es,

es ist ein Strohhalm, ...

ein schneller Test,

ein Schnelltest!

Streiterei

Wir wissen es besser,

es ist eins der größten Fässer!

Nur ist Bildung politisch, ...

Obwohl Lehrkräfte neutral sein sollten, ...

Werden sie Spielball

der Interessen,

der Lobbyisten,

der Politiker,

selten ist die Wahrheit im Fokus,

ausbaden müssen sie den Jokus!

Inzidenzen

Inzidenzen sind Grenzen,

Man setzt Grenzen,

wir setzen Grenzen!

Aber wir sind dumm,

wir pfuschen herum!

Wir machen es nicht besser,

die Antworten werden kesser,

aber es kommt das letzte Gericht –

oder etwa nicht?

16 und 1 ist nicht 17 und 4

Es soll offen werden,

aber nichts passiert,

16 und 1 diskutieren,

und wir gieren,

und wir werden abschmieren,

Es ist ein Ergebnis hier,

es erinnert an 17 und 4!

Es wird geöffnet,

ohne Rücksicht,

ohne Vorsicht,

ohne Nachsicht!

... es wird gehen nie so,

wenn wir uns verhalten wie in einem Casino!

Frühlingsgefühle 2021

Sie stellen sich dieses Jahr nicht ein,

sie versagen sich,

sie sind nicht da,

sie sind weg,

... denn es wird eng

... denn die dritte Welle sie rollt!

Kultusministerien

Kultusministerien

Kultusmiseren

Kultusentscheidungen

Hilflos

Planlos

Ziellos

...

Ein Vergleich, …

Auf der Titanic genossen sie das Leben,

sie merken nichts von der sich anbahnenden Katastrophe!

In der Pandemie genossen sie das Leben,

sie wussten von der sich anbahnenden Katastrophe!

Und plötzlich stehen alle vor Entscheidungen,

auf der Titanic trifft sie der Kapitän Smith,

in der Pandemie du und ich:

Leben oder Sterben, es zeigt sich unwissend oder wissend ist

egal, sogar fast banal!

… denn wir alle sind mit im Boot,

oder morgen vielleicht tot!

Grenzwerte

Grenzwerte sind minsteriabel variabel,

denn inzwischen macht sich

jeder seinen Grenzwert selbst,

und wie geht man damit um?

Man kann sich daranhalten,

es wird die Menschen spalten,

die einen werden zu Gefährdern!

Die anderen werden zu Gefährdeten!

Der Öffnungswahnsinn

Ich ertrage es kaum!

Wir machen ein Öffnungskarussell,

wir spielen mit dem Beben,

weil wir denken, wir wollen leben,

es geht hier voll daneben,

so wird es kein Leben,

in diesem März ist es wohl ein schlechter Scherz!

Und jetzt Anfang Mai

Ertönt schon wieder das Geschrei,

denn man hat daraus wohl nicht gelernt!

Jahrestag

Ein Jahr ist nun vorbei,

das Leben hat sich verändert,

Social Distancing bestimmt unser Streben,

Videokonferenzen, Homeschooling und das Homeoffice sind

das neue Leben, ...

keine Vergnügungen,

keine Reisen,

alles ist anders aber noch keine Gewohnheit,

es ist ein langer Weg,

trotz Impfstoff, ...

Hoffnung

Gibt es etwas wie Hoffnung?

Gibt es etwas wie Glauben?

Gibt es etwas wie Schicksal?

Gibt es etwas wie einen Weg?

Gibt es etwas wie einen Silberstreif?

Wir hoffen es!

Wir glauben es!

Impfkarussell

Es wird spannend,

jetzt wird ausgesetzt,

ein Impfstoff zeigt Nebenwirkungen,

andere Medikamente auch!

Und nun?

Wir sind an einem Scheideweg, …

Wir haben Sorgen,

Haben wir Vertrauen, …

Es wird dünner, auch bei mir!

Wir müssen und werden es irgendwie schaffen!

Prekäre Probleme

Prekäre Probleme,

sie werden leider mehr,

sie werden dringlicher,

sie werden schreiender,

sie werden menschlicher,

sie berühren,

sie quälen,

sie sind nicht (mehr) zu übersehen,

Prekäre Probleme!

Testirrsinn

Jetzt dürfen alle sich testen,

jetzt gibt es das öffentliche verrückt machen,

jetzt gibt es hoffentlich keine Massenpanik,

... wir stehen vor der dritten Welle,

Resignation

Hoffnung?

Abwarten!

Die Fassade

Ein altes Haus,

eine wunderschöne Fassade im Sonnenlicht,

ein Sturm bricht los,

die Fassade bekommt Risse, aber sie ist nach wie vor schön

und fest.

Die Böen reißen an der Fassade, sie bröckelt, bekommt offene

Stellen, das Untermauerwerk wird sichtbar.

Weitere Böen treffen das Haus, die Fassade, die Risse werden

breiter, die Untersteine werden deutlich sichtbar.

Die letzten Böen des Sturms umwehen das Haus,

Teile der Fassade brechen zusammen,

tiefe Wunden reißen auf,

die Fassade ist kaum noch zu retten,

die Fassade bricht zusammen!

Ich schaue in den Spiegel und sehe meine Fassade,

eine von vielen!

Schritte

Es ist Spannung in der Luft – die Welt ist in Aufruhr,

denn was sich zeichnet ist nicht angenehm!

Wir können so viel und doch so wenig!

Kleine Schritte sind manchmal große Schritte,

Große Schritte sind manchmal kleine Schritte

Und doch sind sie nach vorne gerichtet,

oder doch nach hinten?

Wir wissen es nicht!

Wir gehen einfach diese Schritte!

Schlangenlinien

Lange Zeit gab es einen geraden Weg,

da ging es ordentlich weiter,

doch nun da wird es nicht mehr heiter,

wir wollen keine Regeln gierig,

und sei der Weg noch so schwierig!

Doch der Weg ist voller Hindernisse

und wir laufen Schlangenlinien

unter der Prämisse zu verwenden diese Widernisse

und trotzdem zeigt uns die Moral,

dass wir Leben mit der Qual!

Der Horizont

Immer kleiner werden diese Kreise,

erst gehen wir im Land umher,

dann laufen wir in einer Stadt

und nun rennen wir ums Haus,

um zu kommen raus,

hoffentlich ist dieser Zirkus nun bald aus!

… und jetzt kommt die Erleichterung,

es naht hier wohl die Impfung!

Doch wir werden wohl gespalten,

da gibt es leider gar kein halten!

Ich kann nicht mehr

Mich umtreibt die Sorge,

denn ich kann nicht mehr,

denn ich will nicht mehr,

denn meine Elefantenhaut wird dünn,

denn es kommt der Kummer immer dichter,

denn das Wohlfühlen ist weit entfernt!

Mich umtreibt die Sorge!

Wehmut

Die Wehmut im Herzen,

der Blick mit Tränen,

das Herz ist schwer,

das Gefühl ist dunkel,

alles ohne Sinn,

alles ist dunkel,

die Wehmut im Herzen!

Das Tribunal

Menschen treffen Entscheidungen,

Menschen sitzen einander gegenüber,

Menschen feinden sich an,

Menschen verurteilen Menschen,

Menschen stellen Menschen an den Pranger,

sie sprechen nicht,

sie agieren nur,

sie reagieren nur,

Menschen stellen Menschen vor ein Tribunal,

grausam!

Menschen treffen Entscheidungen!

Begleitung

Wer begleitet mich?

Wer begleitet uns?

Mich begleitet wer!

Uns begleitet wer!

Begleitet wer mich?

Begleitet wer uns?

Ich weiß es nicht, denn keiner steht am Bahnsteig des Lebens!

Ostern 2021, komm wir fliegen nach Malle

Hurra, wir fliegen nach Malle,

da feiern wir dann alle,

Kommt doch alle mit zum Tanz,

lassen wir den Firlefanz!

Endlich sind wir frei,

macht nicht so´n G´schrei!

Doch ehrlich an dieser Stelle,

wir sind hier in der dritten Welle!

Und werden dann verfluchen diese alle,

die da waren da auf Malle!

Querdenker

Gibt es wirklich so viele Leugner,

wahrscheinlich schon,

überall sie tummeln sich da so,

denn sie denken nun,

sie wären wohl immun!

Narren

Narren sind doch manchmal die Klugen,

denn es sind die die die Wahrheit sagen,

doch mit vielen Fragen,

das Leid im Spaß ertragen

und dabei auch traurig sind,

und nicht mehr lachen wie ein Kind

... wie ich der Harlekin

... wie ich der Pierrot

Wahrscheinlich sind diese Gedanken morgen tot!

Tag und Nacht

Ein Tag geht zu Ende –

Harlekin lacht und Pierrot ist traurig!

Sie wissen den Weg nicht mehr,

sie sind aus dem Gleichgewicht,

nur in ihren Träumen,

lachen und weinen Sie,

denn sie suchen den Weg!

Respekt und Achtung

Menschen machen Fehler,

Menschen treffen Entscheidungen,

Menschen tragen Verantwortung,

Menschen übernehmen Verantwortung,

Menschen gestehen Fehler ein

Und das öffentlich,

sie zeigen Mut!

Dafür sollte man ihnen Respekt zollen!

Dafür kann man sie achten,

auch wenn man nicht immer mit Ihnen über ein stimmt,

auch wenn man nicht alles von ihnen übernehmen will!

Respekt und Achtung steht über den Dingen!

Die dritte Welle, das Inferno

Und jetzt rollt die dritte Welle,

es ging ja wohl ganz schnelle,

es gab keine wirkliche Entspannung,

sondern es ist nicht mehr in Ferne,

das besondere Inferno,

denn es ist da,

nur keiner will es sehen,

sie machen schön die Augen zu,

und kommen nicht zur Ruh´

mitten in den Sturm,

sind wir nun der arme Wurm!

Gegensätze

Der Harlekin lacht, der Pierrot weint, den ganzen Tag müssen sie funktionieren, nur in der Nacht fangen sie an zu leben.

Der Harlekin lacht, der Pierrot weint, den ganzen Ta tragen sie Maske, nur in der Nacht fangen sie an zu leben.

Der Harlekin lacht, der Pierrot weint, den ganzen Tag versuchen sie Hoffnung zu geben, nur in der Nacht fangen sie an zu leben.

Der Harlekin lacht, der Pierrot weint, den ganzen Tag versuchen sie zu überleben, nur in der Nacht fangen sie an zu leben.

Der Harlekin lacht, der Pierrot weint, denn ihr Leben ist ein Karussell, es dreht sich furchtbar schnell.

Der Harlekin lacht, der Pierrot weint!

Galgenhumor

Jetzt fangen wir an zu spielen,

es werden Modellregionen gesucht,

es klingt fast verrucht,

solche Entscheidungen gehören zunächst verflucht!

Die Politiker sind am Labern,

wir sollen uns nicht so haben,

denn nicht nur mir kommt es so vor,

wir sollen es ertragen,

möglichst ohne es zu hinterfragen!

Planlos – Ruhelos

Was gibt es für einen Plan?

Die Menschen fragen sich …

Die Menschen wundern sich …

Die Menschen werden ruhelos …

Es zeigt sich bei diesem Desaster,

dass es gibt die Planlosigkeit,

die da erzeugt die Hoffnungslosigkeit,

… denn es gibt so vieles zu bedenken,

… man kann kaum noch lenken!

Kummer

Die Seele schreit,

der Verstand versucht zu arbeiten,

die Stimme schwindet,

die Tränen laufen,

der Blick bricht,

das Herz krampft,

...

Die Zeit verrinnt und nichts wird besser!

Kummer

Wege – Irrwege

Manche Menschen entscheiden sich für einen Weg.

Manche Menschen werden dabei oft verdrängt.

Manche Menschen gehen dann Irrwege.

Sie sind dann nicht sichtbar!

Manche Menschen kommen dann nicht wieder!

Manche aber doch – zum Glück!

Normals Leben

Kommt es wieder?

Wir hoffen es!

Wir wünschen es!

Wir wissen es aber nicht!

. Manchmal tun wir alles dafür!

Manchmal tun wir alles dagegen!

Dann klagen wir!

Dann zetern wir!

Dann schreien wir!

Kommt es wieder?!

Der Markus und der Armin

Die Wut ist groß!

Die Ministerpräsidentenrunde tagt!

Die denken nach!

Die denken vor!

Die Entscheidungen werden …

oder werden nicht …!

Sie denken!

Die Zeit verrinnt,

rinnt in der Sanduhr!

Die Wut wird größer!

#LebenRetten

Was heißt #LebenRetten?

Heißt es Solidarität?

Heißt es geben?

Heißt es Gehorsam?

Heißt es Verzicht?

Heißt etwas nicht zu tun?

Heißt es neue Wege zu gehen?

Heißt es etwas zu signalisieren?

Ich glaube, das heißt das alles – und wir müssen es

Schmerzlich lernen!

#LebenRetten

Der Sensenmann

Der Sensenmann, der Sensenmann, der kommt und

fängt zu sensen an,

Mancher will es gar nicht wissen,

es ist ja voll beschissen!

Wir alle sind betroffen,

da braucht man nicht zu hoffen!

Denn an dieser Stelle,

ist die dritte Welle!

Der Sensenmann, der Sensenmann, der kommt und

fängt zu sensen an!

Mancher will es gar nicht wissen,

es ist ja voll beschissen!

So fehlen mir die Worte,

wenn ich seh´ so manche Orte

Da braucht man gar nicht hoffen,

wir alle sind betroffen!

74

Wenn einer der besten Freunde geht

Man spricht noch von seinem Lachen, das einen erfreut!

Dann wundert man sich, dass keine Botschaft kommt,

wie sonst!

Plötzlich erhält man die Nachricht:

Er ist gestern gestorben – er ist gegangen ganz plötzlich!

An einem Hirnaneurysma!

Seine Frau, seine Familie, bleibt zurück!

Ich bin geschockt!

Ich bin traurig!

Ich bin einfach ohne Worte!

Er ist einfach gegangen!

Er ist in unseren Herzen!

Für einen guten Freund und seine Familie, danke M.!

Der Kasper kommt in die Stadt

Die Ankündigung

… ein Politiker kommt in die Stadt und spricht,

… ein Puppentheater kommt und spielt…

… und was ist jetzt die Neuigkeit?

Der Kasper kommt in die Stadt,

… und ich, der Harlekin, der „nichts Böses dabei denkt!"

Dankbarkeit

Manchmal ist es seltsam,

Trauer kann man teilen,

aber so …

doch kann man…

sage ich der Pierrot,

manchmal funktioniert das!

Dann ist es wunderschön,

… denn ich bin dankbar zu teilen!

Soziale Messenger

Mach nicht so'n Gewitter,

es ist doch nur auf Twitter,

weil es wirkt wie n' Gebibber.

Denn weißt du liebes Menschlein,

nicht alle können Freunde sein,

eher zeigen sie sich als Feind allein!

So ist es der Lauf der Welt,

alle streiten um das liebe Geld

und hoffen auf mehr Ehr'

sind dabei gar nicht fair,

als ob das was besondres wär!

Auch der geile Bock,

der schaut so mancher untern Rock

bei dem „lieben" Facebook!

So füllt sich schnell ein Blog

Über diesen alten Bock!

Sehen wir uns bei Instagram

Die vielen Fotos an

Und liken, haten als würden wir getreten!

Denn dem Netzwerk sind wir wohl ergeben!

Mir wird so langsam bang´

Denn unsre Daten sind der Fang!

Die Menschen werfen Schmutz

und pfeifen auf den Datenschutz!

WhatsApp, Telegram und Signal hier

Sind von dort so glaube mir!

Sie sammeln die Daten in einem fort,

das Internet ist wohl der Ort!

Man meint nun das ist sicher

und lockt sich schnell bei Threema ein

und hofft, das ist jetzt alles fein!

So schlimm wird kein Mensch wohl sein!

Aber so ist es nicht du armer Wicht,

denn wenn wir unsre Daten checken,

freuen sich andere zum Verrecken!

Wir können nix verstecken!

Die Moral von der Geschichte:

Am besten lässt man´s bleiben

Mit 'nem Messenger zu schreiben –

Prüfungen

Jetzt beginnen wieder die Prüfungen …

Was ist denn eine Prüfung?

Da wird attestiert, dass Du etwas beherrschst!

Da wird attestiert, dass Du Probleme lösen kannst, …

Jetzt kommt das Leben und fragt Dich?

Wird dir da attestiert, dass Du das Leben beherrschst?

Wird dir da attestiert, dass Du Probleme lösen kannst?

Ich, Harlekin Pierrot, glaube das kaum, denn das Leben zeigt

Dir dann, ob die Lösung passend war!

Denn das Leben ist eine dauernde Prüfung!

Kreise

In welchen Kreisen bewegen wir uns?

In diesen Kreisen bewegen wir uns!

Große Kreise

Kleine Kreise

Aber alles Kreise

Das Bewegen in diesem Kreise

Bedarf einer ganz besondren Weise!

Mischung

Das Leben ... eine interessante Mischung aus Zufällen.

Mit manchmal spannenden Zutaten ...

und der richtigen Würze ergibt eine tolle Farbe

Und ein warmes Gefühl im Herzen!

Diese Mischung ist die Mischung des Lebens!

Licht

Am Ende der Welt ist noch etwas Licht,

am Ende des Lichtes ist keine Welt ...!

Am Ende des Himmels ist noch etwas Liebe,

am Ende der Liebe ist noch etwas Himmel, ...!

Am Ende der Welt ist noch etwas Liebe, ...

... liebt, genießt und seht in den Himmel!

Licht und Dunkel

Wer im Licht sitzt, sitzt auch im Dunkeln,

Wer im Dunkeln sitzt, sitzt auch im Licht,

das Leben ist wie das Licht,

das Leben ist wie das Dunkel,

die Liebe ist wie das Licht,

die Liebe ist wie das Dunkel,

die Tränen sind wie das Licht,

die Tränen sind wie das Dunkel,

...

Es ist hell!

Es ist Dunkel!

Die Welt

Die Welt ist groß, ...

die Welt ist weit, ...

die Welt ist bunt, ...

...

Und doch:

... die Welt ist unser Planet,

... lasst uns endlich auf ihn aufpassen,

... und nicht dauern versuchen ihn zu beherrschen,

... wir werden nicht gewinnen!

Im Spiegel

Ich blicke in den Spiegel,

ich kreuze meinen Blick,

ich sehe meine Traurigkeit,

ich sehe die Maske,

ich sehe den Pierrot!

Im Augenblick hat der Harlekin Pause,

da ihm das Lachen und der Spott gefiert!

Im Spiegel!

Der Nahe und doch so ferne Osten

Wieder reißen Wunden auf,

nach einem „Pandemiefrieden",

wo alle in Jerusalem saßen –

ist es nicht zu spaßen –

greifen es so einige wieder nach den Waffen,

als wollen sie die neue Ordnung schaffen,

als wollen sie die Welt besiegen,

dürstet sie es nach Kriegen!

Die Raketen fliegen von hier nach dort,

gekämpft wird wieder in einem fort!

Tschernobyl

Wir sehen zurück und doch nach vorne.

Es geht in eine neue Runde-

Nicht vergessen ist die Stunde!

Kernprozesse fangen wieder an.

Das ist kein Quark –

Beendet ist der Vergnügungspark!

Wenn Ihr glaubt der Harlekin, der spinnt, …

… dann schaut dahin geschwind!

Das wird noch beschäftigen so manches Kind!

USA

Beobachtungen und Gedanken zur Wahl des Präsidenten im Januar 2021

President Election

Heute wird es spannend, ob der alte Mann wirklich geht,

Heute wird es spannend, ob der alte Mann es wirklich wohl

versteht,

Heute wird es spannend, ob der alte Mann nicht wirklich

Zündelt,

Heute wird es spannend, ob der alte Mann die Koffer packt,

Heute wird es spannend, ob der alte Mann dann schreit

"Attacke!"

Uns dabei wird schlecht,

weil der alte Mann ja meint er sei im Recht!

Sturm aus Capitol

Kommt jetzt der Niedergang?

Er kommt nicht, er ist da!

Das Zündeln wird zum Brandstiften!

Es wird schlimm!

Es wird blutig!

Das ist keine Demokratie mehr!

Das wird schlimm!

So darf es nicht sein!

So wird es sein!

Biedermann und Brandstifter

Biedermann und Brandstifter

Brandstifter und Biedermann?!

Es ist noch nicht vorbei...

Demokratie

Der Blick auf eine Weltmacht – sie hat eine der ältesten Demokratien der Neuzeit!

Und jetzt explodiert sie!

Weil durch manche Menschen, Menschen polarisiert und instrumentalisiert werden!

Wir sehen dabei zu!

Wir sehen den Mob auf den Straßen und können es kaum fassen, wie sie alle hassen!

Es reicht ein kleiner Klick –

...

Impeachment

Was ist das – ein Impeachment?

Ein alter Mann wird abgelöst, nur hält er den Zünder

in der Hand,

und wir sitzen hier mit vollen Sorgen

und warten auf den Morgen!

Der alte Mann wird abgelöst, nur hält er den Zünder

in der Hand,

und hoffen es bleibt friedlich,

und wollen keinen Krieg nicht!

Der alte Mann wird abgelöst, nur hält er den Zünder

in der Hand

und wir sehen jetzt den Neuen,

und glauben uns zu freuen!

Der alte Mann wird abgelöst, nur hält er den Zünder

in der Hand,

und es reicht ein Schuss

und es kommt ein schlechter Schluss!

Ein alter Mann wird abgelöst er hält den Zünder in der Hand!

Inauguration

Was ist das?

Ein neuer?

Hoffnung?

Glück?

Es wird anders!

Wird es besser?

Wir hoffen es!

Anmerkung Ende April 2021:

Inzwischen ist der neue Präsident 100 Tage im Amt, wir hatten doch Glück, dass es sich nicht ganz so dramatisch entwickelt hat! Allerdings zündelt der alte Mann jetzt im Untergrund!

Dank

Es sind manche Menschen, die etwas Besonderes sind. Oft nicht auffällig, sondern eher still, sie inspirieren mich und werden, oft nicht bewusst, Quelle eines Gedankens und/oder eines Gedichtes.

Denn wer nicht schweigen kann, kann auch nicht reden und wer nicht reden kann, kann auch nichts sagen!

Situationen, politische und persönliche regen meine Gedanken an – ich teile sie mit Euch, wenn ihr es wollt!

Wenn ich draußen oder unterwegs bin, kommen mir die besten Ideen – manchmal traurig, manchmal lustig, manchmal ernst, diese Gedanken teile ich mit Euch – wenn ihr es wollt, sie sind mein „Philosophisches Vaccine – mein gedanklicher (Impf)stoff".

Gedanken bedeuten Freiheit!

Danke fürs Lesen!

Euer Harlekin Pierrot

www.harlekinpierrot.com

Inhaltsverzeichnis